BEI GRIN MACHT SICH IHR WISSEN BEZAHLT

AF136911

- Wir veröffentlichen Ihre Hausarbeit, Bachelor- und Masterarbeit

- Ihr eigenes eBook und Buch - weltweit in allen wichtigen Shops

- Verdienen Sie an jedem Verkauf

Jetzt bei www.GRIN.com hochladen und kostenlos publizieren

Ernährungsberatung für einen gesunden 29-Jährigen unter Einbezug des GROW-Modells

Natalie Lechelt

Bibliografische Information der Deutschen Nationalbibliothek:

Die Deutsche Nationalbibliothek verzeichnet diese Publikation in der Deutschen Nationalbibliografie; detaillierte bibliografische Daten sind im Internet über http://dnb.d-nb.de abrufbar.

ISBN: 9783346434609
Dieses Buch ist auch als E-Book erhältlich.

Druck und Bindung: Books on Demand GmbH, Norderstedt Germany
Gedruckt auf säurefreiem Papier aus verantwortungsvollen Quellen

Das vorliegende Werk wurde sorgfältig erarbeitet. Dennoch übernehmen Autoren und Verlag für die Richtigkeit von Angaben, Hinweisen, Links und Ratschlägen sowie eventuelle Druckfehler keine Haftung.

Das Buch bei GRIN: https://www.grin.com/document/1030316

Deutsche Hochschule für
Prävention und Gesundheitsmanagement
Hermann Neuberger Sportschule 3
66123 Saarbrücken

Name, Vorname:	**Lechelt, Natalie**
Modul:	**Ernährungspsychologie**
Studiengang:	**Bachelor of Ernährungsberatung, WS 2017**
Datum Präsenzphase:	**05.08.2019 – 07.09.2019**
Studienort:	**Saarbrücken**
Aufgabe:	**Durchführung einer Ernährungsberatung unter Einbezug des GROW-Modells**

Inhaltsverzeichnis

1 Einleitung

1.1 Eingangsgespräch und Anamnese

Das Eingangsgespräch fand am 11.08.2019 um 13 Uhr statt und dauerte ca. ein halb Stunden. Die erste Sitzung fand im Gebäude statt, da für diese biometrische Daten anhand einer Waage aufgenommen werden mussten.

Zunächst wurden Fragen bezüglich der beruflichen Tätigkeit, der gesundheitlichen Ziele und der aktuellen Situation auch anhand eines Fragebogens erfasst und besprochen.

Des Weiteren wurde ein Fragebogen ausgefüllt. Anschließend wurden weitere Parameter wie der BMI und der Körperfettanteil anhand einer Bioimpedanzwaage eingetragen (vgl. Tabelle 1), ausgewertet und gemeinsam besprochen. Weiteres ist unter Punkt 3 Teilaufgabe 3 – Darstellung einer Coaching Sitzung zu finden.

1.2 Allgemeine und biometrische Daten

Tabelle 1: Allgemeine und biometrische Daten des Kunden (eigene Darstellung)

Allgemeine Daten	
Alter (in Jahren)	29
Größe (in cm)	197
Gewicht (in kg)	88,8
BMI	22,9
Tagesbedarf Kalorien (in Kcal)	3.620
Wasseranteil (in Prozent)	57,00%
berufliche Situation	Selbstständig, sitzende Tätigkeit
Körperfettanteil (in Prozent)	17,50%
Viszeralfett (in Punkten)	4
Muskelmasse (in kg)	69,7
Umfänge (in cm)	
Taille	88
Hüfte	98
Taillen-Hüft-Quotient	0,9
Beine (25cm oberhalb des Knies)	
Rechts	57,5
Links	56,5
Arme (16cm von der Beuge)	
Rechts	35,5
Links	36
Brustumfang	107

Der Klient weist aufgrund der biometrischen Daten einen BMI im Normalbereich auf (Who, Body mass index – BMI, 2019).

Der Taillen-Hüft-Quotient von kleiner als eins, zeigt eine gynoide Körperfettverteilung. Der Taillenumfang liegt unter 94cm (Deutsche Gesellschaft für Ernährung, 2014).

1.2.1 Gesundheitliche Einschränkungen

Der Kunde klagt über regelmäßige Rückenschmerzen und Kopfschmerzen. Dieses Jahr hatte der Kunde bereits einen Hexenschuss, wodurch er zwei Wochen eingeschränkt war. Des Weiteren hat der Kunde Schwierigkeiten mit den Fußgelenken und trägt daher medizinische Einlagen. Aufgrund dessen weist der Kunde eine eingeschränkte Mobilität der Fußgelenke auf. Der Kunde hat keine Lebensmittelunverträglichkeiten.

1.3 Persönlichkeitsprofil

Der Kunde weist aufgrund des DISG-Tests ein gewissenhaftes und dominates Persönlichkeitsprofil auf (Gay, F. DISG-Persönlichkeitsprofil, 2002). Das bedeutet, dass der Kunde ein gutes Planen und eine Liste zum Abhaken benötigt. Aus diesem Grund haben wir eine passende Methode zur Dokumentation des Ernährungsverhaltens entwickelt. Gleichzeitig möchte der Kunde wenig Zeit für die Ernährung investieren.

Der Kunde kann seine Lerneffektivität über die kognitiven und visuellen Wahrnehmungskanäle steigern. Dies basierend auf den Lerntypen nach Vaster, F. (1975).

Zu den Freizeitaktivitäten des Kunden gehören:

- Einmal wöchentlich trifft sich der Kunde mit einem Freund zum gemeinsamen Joggen und Essen. Dabei werden meistens Hyperkalorische Mahlzeiten mit einem hohen Fettgehalt zubereitet.

- Der Kunde liest gerne Bücher zur Weiterbildung in seiner Freizeit

- An dem Wochenenden besucht er gerne Seminare

- Der Kunde beschreibt sich selbst als einen Genussmensch. Er genießt nicht nur Mahlzeiten, sondern auch die gemeinsame Zeit mit seiner Freundin, weil sie gerne gemeinsam viel Unternehmen (Städtebesichtigung, Museumsbesuch, verschiedene Seen und Parks, usw.)

- In seiner Studienzeit hat sich der Kunde stark mit seiner körperlichen Fitness beschäftigt. Er war sehr Leistungsorientiert, konnte einen Handstand halten, hat sich stark auf das Krafttraining und den Muskelaufbau fokussiert.

- Der Bruder des Bruders ist ausgezogen und wird hier daher vernachlässigt

1.4 Soziale Situation

Der Kunde wohnt in einem Haushalt mit seinen Eltern. Hauptsächlich ist die Mutter für die Einkäufe der Lebensmittel und für die Nahrungszubereitung verantwortlich. Jedoch hat sich im Gespräch herausgestellt, dass im Laufe der Woche ein Einkaufszettel in der Küche erstellt wird. Dieser hängt auf dem Kühlschrank in der Küche und alle können Lebensmitte hinzufügen. Gleichzeitig ist der Haushalt gesundheitsbewusst und alle im Haushalt lebenden Personen interessieren sich für eine gesunde Lebensweise und Ernährung. Lediglich die ist die zeitliche Investition von Bedeutung. Die Mutter, sowie der Vater des Kunden sind berufstätig und möchten wenig Zeit in die Zubereitung und Planung der Mahlzeiten investieren. Positiv zu bewerten ist die Einstellung des Kunden und seines Umfelds bezüglich der Ernährung.

1.4.1 Ernährungsrituale

- Das Mittagessen ist immer warm und wird meistens gemeinsam in der Familie abgehalten. Für die Zubereitung ist hauptsächlich die Mutter verantwortlich. Jedoch wird unter den Familienmitgliedern auch abgewechselt, sodass der Kunde ein bis zwei Mal in der Woche für die Zubereitung der Hauptmahlzeit verantwortlich ist. Der Vater arbeitet lange und kann wird bei der Zubereitung vernachlässigt.

- Samstags gibt es immer Brühwürstchen und Brötchen. An dem Tag geht es hauptsächlich um Einkäufe und den Hausputz. Dann bleibt mittags keine Zeit zum Kochen.

- Es wird viel Wert auf frisches und leckeres Brot gelegt. Die Mutter sucht stets die Besten Brotvarianten. Diese sind Vollkorn- und Mischbrote.

- Einmal in der Woche kocht die Familie gemeinsam.

- Mindestens einmal pro Woche gibt es Kuchen. Die Mutter backt gerne Kuchen und Teilchen.

- Es gibt Orte im Haushalt an denen immer Süßigkeiten zu finden (Schubladen, Esstisch, Wohnzimmer, Kühlschrank) sind. Diese Orte sind in der Regel offen zugänglich, sodass da zwischendurch und unbewusst reingegriffen wird.

- Das Frühstück und das Abendessen werden hauptsächlich vom Kunden alleine eingenommen. Beides besteht hauptsächlich aus Brot.

- Am Wochenende ist der Kunde bei seiner Freundin. Dort wird meistens gemeinsam gekocht. Manchmal auch auswärts gegessen. Die Freundin ist Diät- und gesundheitsorientiert.

1.4.2 Zeiteinteilung des Kunden

Der Kunde hat eine überwiegend sitzende berufliche Tätigkeit. Er ist in den Anfängen einer selbstständigen Tätigkeit und verbringt dementsprechend die meiste Zeit mit der beruflichen Tätigkeit. Seine Zeitleinteilung ist individuell und wenig planbar, da es ebenfalls drauf ankommt, wie viele Aufträge der Kunde täglich zu bearbeiten hat:

Ernährungsberaterin: Wie sieht es bei deiner täglichen Zeiteinteilung aus?
Wie viele Stunden abreitest du täglich?

Kunde: Schwer zu sagen. Da ich selbstständig bin variiert das sehr stark. Es gibt Tage da bin ich von morgens bis sehr spät abends beschäftigt, aber auch Tage, an denen ich mehr Freizeit habe.

Ernährungsberaterin: Was würdest du sagen, wie viele Stunden Freizeit hast du am Tag?

Kunde: Auch das ist schwer zu sagen. Ich schätze mal etwa vier Stunden am Tag. Könnte auch weniger sein, weil ich im Haushalt mithelfe.

Ernährungsberaterin: Wieviel Zeit möchtest du davon für deine Ernährung investieren?

Kunde: Hmm.. Gute Frage. Ich würde sagen eine Stunde bis maximal einein halb Stunden.

Deutlich wurde in dem Gesprächsverlauf, dass der Kunde keine genauen Angaben zu seiner Zeiteinteilung geben kann. Das bedeutet, dass er Strukturen benötigt, welche von der Zeiteinteilung flexibel gestaltet werden können. Diese werden innerhalb bestimmter Zeitfenster gefasst (vgl. Tabelle 3: Aktionsplan des Kunden (modifiziert nach Whitmore, 1997)).

Als nächster Schritt wurden die Werte des Kunden und deren Wichtigkeit erfragt. Dies ist ein wichtiger Schritt, um genau zu ermitteln, wieviel Zeit und Energie der Kunde in seine Ernährungsberatung und –umstellung verwenden möchte.

Im Verlauf des Gespräches wurde klar, dass der Kunde positivorientiert ist. Das heißt die Werte des Kunden beschreiben die innere Motivation bzw. die treibende Kraft, die dem Klienten wichtig sind (Kensok & Dyckhoff, 2004, S.29). Diese Werte sollte der Kunde von der Wichtigkeit, mit eins bis zehn aufsteigend, bewerten.

Die Werte des Kunden:

- Dankbarkeit (10)
- Energie (2)
- Freunde und Familie (3)
- Harmonie (8)
- Lernen (7)
- Optimismus (9)
- Weiterentwicklung (4)
- Persönliches Wachstum (1)
- Freiheit (5)
- Umgang mit Körper (6)

Diese Werte des Kunden sind sogenannte „Hin-zu"- Werte (Kensok & Dyckhoff, 2004, S.30 ff). Die Ziele des Kunden wurden ebenfalls aufgelistet und aufsteigend mit Zahlen bewertet:

- immer besser und sportlicher werden (6)
- krass sein und einen heißen Körper haben (7)
- jeden Tag Sport machen, bis 150Jahre (5)
- mega gesund sein (3)
- Personal Trainer haben (10)
- Beruflicher Erfolg (2)
- Ein zweites Buch schreiben (8)
- Finanzielle Freiheit (1)
- Automatisierungen von Sport und Ernährung (4)
- Wieder einen Handstand können (9)

Bei der Gegenüberstellung von Werten und Zielen ergaben sich Überschneidungen. Der Kunde hat viele Ziele im Bereich Ernährung und Sport, jedoch sind ihm seine finanziellen Ziele aktuell wichtiger, weil er denkt, dass der dadurch seine anderen Ziele besser und schneller erreichen kann (Personal Trainer, Automatisierung der Ernährung).

Solange seine Defizitbedürfnisse, nach Abraham Maslow (1043), nicht erfüllt sind (finanzielle Ziele), stehen seine Wachstumsbedürfnisse (Selbstverwirklichung und Individualbedürfnisse z.B. körperliche Fitness und gesundheitsbewusste Ernährung) an zweiter Stelle. Diese Hierarchie ergab sich aus folgender Befragung:

Ernährungsberaterin: Wie wichtig ist dir deine aktuelle Berufliche Situation von 1-10?

Kunde: 10!

Ernährungsberaterin: Wie wichtig ist dir die gesunde Ernährung?

Auch sehr wichtig. Aber meine Priorität liegt bei der Arbeit. Also eine 6-8 etwa.

Ernährungsberaterin: Ist es dir wichtig Zeit für dich, deine Gesundheit und deine Ziele zu investieren?

Kunde: Ja, natürlich! Dafür habe ich aber aktuell nicht so viel Zeit. Wenn sich das im Job aufgebaut hat, dann möchte ich mehr Zeit dafür investieren.

1.5 Bewegung und Sportrituale

Der Kunde strebt eine gesunde Lebensweise an, jedoch sind seine Wünsche nicht klar definiert und es besteht Unwissenheit bezüglich wichtiger Parameter.

Der Kunde hat den Wunsch lebenslänglich sportlich und geistig aktiv und fit zu sein. Um dieses Ziel zu erreichen benötigt er ein gewisses Maß an Bewegung. Zahlreiche wissenschaftliche Arbeiten weisen darauf hin, dass der Abbau von Gehirnmasse durch körperlicher Aktivität entgegengewirkt werden kann (Erickson, K. I., Hohmann, T. Die Effekte von Alter und Training auf die kognitive Gesundheit, 2013).

Laut DGE sollte man mindestens 30 Minuten Bewegung täglich erreichen. Um Risikofaktoren für Herz-Kreislauf-Erkrankungen vorzubeugen, sollten 45 bis 60 Aktivität täglich angestrebt werden (DGE, 2009). Dieses Maß schafft der Kunde, wenn er regelmäßig ins Fitnessstudio geht. Einer Studie zufolge haben sitzende Beschäftigte, welche körperlich aktiv sind, ein geringeres Risiko am metabolischen Syndrom zu erkranken (Browne, R. A. V., Costa, E. , 2017).

Abnehmen oder zunehmen ist für den Kunde aktuell irrelevant. Er würde gerne etwas muskulöser und definierter sein und hätte gerne seine Bauch etwas flacher, aber dieses Ziel hat aktuell ebenfalls keine hohe Wertigkeit. Der Kunde hatte dieses Ziel bereits erreicht und weiß, dass er dazu mehr Zeit und ein genaues Protokollieren der Mahlzeiten und der zugeführten Energie benötigt. Dieses möchte erst angehen, wenn er dafür mehr Zeit zur Verfügung hat.

Da der Kunde auch einen sitzenden Beruf ausübt, ist ihm sportliche Aktivität wichtig. Um körperlichen Einschränkung vorzubeugen, geht der Kunde regelmäßig ins Fitnessstudio. Dabei wechselt er täglich seine Sporteinheiten zwischen Fitnessstudio und Jogging. Im Fitessstudio verbringt der Kunde etwa eine Stunde und beim Joggen sind es zwischen 35 und 60 Minuten. Einmal in der Woche trifft sich der Kunde mit einem Freund, mit dem er gemeinsam 1,5 Stunden laufen geht.

1.6 Aktuelle Ernährungssituation

Das Ernährungsverhalten beschreibt die spontanen und geplanten Handlungen bezüglich der Ernährung. Diese beinhalten nicht zur die Zubereitung und den Verzehr der Mahlzeiten, sondern auch Einflussfaktoren, wie bspw. Umwelt, Gesellschaft und Gesundheit (Institut für Ernährungsverhalten, 2010).

Anhand der Essgewohnheiten des Kunden handelt es sich hier um eine Mischform aus freudlosem Gewohnheitsesser und fitnessorientierter Ambitionierter, wobei der freudlose Gewohnheitsesser überwiegt (siehe Anhang 1: Ernährungsprotokoll des Kunden (eigene Darstellung)).

Die Ernährung des Kunden ist reaktiv, es wird gegessen, was da ist und überwiegend kohlenhydratlastig. Diese Kohlenhydrate bestehen hauptsächlich aus Brot und Teigwaren. Laut dem deutschen Ärzteblatt (2017) und einer Publikation aus der Zeitschrift the Lacent (Dehghan, M., Li, W., et. al. 2017), sollte der Kohlenhydratanteil kleiner als sechzig Prozent sein, um das Mortalitätsrisiko zu reduzieren. Da der Wunsch des Klienten ist, lange zu leben und dabei sportlich zu bleiben ist dies eine Möglichkeit um sein Ziel zu erreichen. Gleichzeitig hat der Kunde den Glaubenssatz, dass man nicht zu viel Fleisch in der Woche verzehren sollte. Die Proteinzufuhr des Kunden aus dem Ernährungsprotokoll beträgt 18-28% der Gesamtenergiezufuhr.

Zu den tierischen Proteinquellen des Kunden gehören: Salami, marinierte Hähnchenbrust, Schinken, Brühwürstchen, Käse und Eier. Zu den pflanzlichen Proteinquellen des Kunden gehören überwiegend Nüsse und eher selten Hülsenfrüchte wie Bohnen und Linsen.

Die Fettzufuhr ist hauptsächlich über Butter, gerne Erdnussbutter und Sonnenblumenöl.

Der Kunde sollte mehr Omega 3 haltige Lebensmittel konsumieren, welche in unterschiedlichen Fischsorten, wie beispielsweise Lachs.

Des Weiteren konsumiert der Kunde Lebensmittel mit enthaltenen Transfetten und gesättigte Fette wie beispielsweise Pizza, Nussecke, Erdnussbutter und Brühwürstchen. Diese Lebensmittel sollte der Kunde vermeiden oder einschränken. Studien belegen, dass der Konsum von gesättigten, mehrfach ungesättigten und Transfetten das Risiko für koronare Herzerkrankungen begünstigen können (Afshin A., et. al., 2016).

In dem Bericht „Obst und Gemüse. Die Menge macht's" der DGE, wird eine tägliche Gemüsezufuhr von mindestens drei Portionen, wobei eine Portion 200g Gemüse und 75g Salat entspricht. Die empfohlene Obstmenge entspricht eine bis zwei Portionen, mit jeweils 200 – 250g. Der Kunde erreicht das Mindestmaß an Obst täglich. Nur das Gemüse wird vom Kunden vernachlässigt.

Um den Änderungswunsch des Klienten zu ermitteln, wurde eine Mindmap mit allen Wünschen erstellt (siehe Anhang 2: Änderungswünsche des Kunden (eigene Darstellung)).

2 Der Coaching-Prozess

2.1 Das GROW-Modell

Das GROW-Modell wurde 1997 von John Whitmore entwickelt. Das Modell zielt darauf ab, das Verhalten, die Wahrnehmung und das Erleben des Kunden zu optimieren, sodass die Selbstverantwortung und die Selbstregulationsfähigkeit und die Selbstverantwortung steigen. Hierzu unterstützt der Coach den Kunden bei einer geeigneten Strategie, welche in den Lebensstil des Kunden passt, um es auch umzusetzen. Das Ziel ist es, dass der Kunde langfristig seine Ziele und dessen Umsetzung eigenständig umsetzen kann (Withmore, J. 2009).

GROW ist ein Akronym und die Buchstaben stehen für:

Das „G" steht für Goalsettig, also das Setzen der kurzfristigen und langfristigen Ziele.

Das „R" steht für Realitycheckig. Dies entspricht der Ist-Analyse mit der Fragestellung, was der Kunde bereits für das Ziel getan hätte.

Der Buchstabe „O" steht für Options, also die Möglichkeiten des Kunden zur Zielerreichung. Als Letzter Buchstabe kommt das „W", welches für „WHAT, WHEN, WHO, WILL" steht. Die Planung der Maßnahmen. Dieser Punkt beschäftigt sich mit der Frage „Welche Möglichkeiten kommen in Frage?" und „Welche Hindernisse gibt es?".

2.2 Die Stufe Goal des GROW-Modells

Zum Ende des Eingangsgesprächs wurden folgende Ziele für die nächste Woche gemeinsam erstellt. Zur Erfassung des Ernährungsverhaltens wurde eine prospektive Messung anhand eines Ernährungsprotokolls gewählt. Dieses sollte der Kunde für vier bis fünf Tage möglichst genau ausfüllen, um das aktuelle Ernährungsverhalten einzuschätzen und dementsprechende zielführende Maßnahmen einzuführen. Wichtiger Bestandteil dieser Dokumentation war das Festhalten von den Essenszeiten, der Mahlzeit und der Portionsgröße. Zuzüglich sollte der Kunde aufschreiben, wieviel und in welcher Art sich der Kunde in dieser Zeit bewegt hat. Dieses Protokoll sollte mir der Kunde vor der zweiten Sitzung zukommen lassen, damit ich dieses vorab auswerten kann.

Da im Eingangsgespräch erstmal die wichtigsten Daten erfasst wurden, wurde für die Erstellung dieser Aufgabe lediglich fünfzehn Minuten verwendet um genau zu besprechen, wozu das Protokoll dienlich ist und wie das zu handhaben ist.

Im zweiten Gespräch, eine Woche später, wurden die kurzfristen und langfristen Ziele des Kunden formuliert und definiert. Dieses hat etwa 40 Minuten Zeit in Anspruch genommen. Dazu haben wir die Mindmap (vgl. Anhang), den aktuellen Gesundheitszustand und die motivierenden Werte des Kunden verwendet.

Aus diesen verschiedenen Tools wurden folgende Wünsche formuliert:

Der Kunde plant langfristig (langfristig):

- Körperlich aktiv sein, immer Sport treiben können
- Gesunder Rücken (bis 150Jahren)
- Mobilität (Füße, Hüfte, Rücken)
- Haltung Schreibtisch verbessern
- Gesunde und ausgewogene Ernährung – essen was einen besser macht (Gehirnleistung, gesunder Körper)

Aus diesen Wünschen wurden Prozessziele entwickelt, um eine zielführende Veränderung zu ermöglichen. Die SMART-Formel beinhaltet die Ziele des Kunden, welche zu einer Verhaltensänderung in den nächsten 3 Wochen führen, um auf das langfristige Ziel hinzuarbeiten.

SMART Formel

Spezifisch:

1. Täglich Gemüse essen
2. Ein wöchentlicher Wechsel von sieben Kohlenhydraten (Haferflocken, Reis, Kartoffeln usw.) – nicht nur Brot und Nudeln
3. körperlich aktiv sein – täglicher Wechsel von Kraft- und Ausdauertraining
4. gesunder Rücken – nach dem Aufstehen gut und fit fühlen

Messbar:

1. Bilder machen. Gemüse soll bei min. 2 Mahlzeiten vorhanden sein
2. Bilder machen. 1x täglich Brot, bei Hauptmahlzeiten Kartoffeln und Reis einbauen (nicht überwiegend Nudeln und Teilwaren)
3. Täglich Sport Joggen oder Fitnessstudio im Wechsel
4. Tägliche Yoga- Routine, um Rücken zu mobilisieren

Attraktiv:

1. Körperlich attraktiver werden - Mehr Vitamine und Nährstoffe für meine Körper – bessere Gesundheit - langes und gesundes Leben
2. Abwechslungsreicher und ausgewogenere Ernährung – bessere Gesundheit – langes und gesundes Leben
3. Körperlicher Fortschritt – körperlich und geistig fit sein bis ins hohe Alter
4. Beweglichkeit bis ins hohe Alter

Realistisch:

1. Ja sofern die Verfügbarkeit von Gemüse zu Hause gegeben ist
2. Verfügbarkeit der Lebensmittel
3. Ja
4. Um das zu erreichen mache ich morgens täglich 10 min Yoga direkt nach dem Aufstehen

Terminiert: Alle Punkte bis zur 2. Messung am 08.09.2019

Am Ende des zweiten Gesprächs haben wir noch zehn Minuten über das Training gesprochen. Der Kunde hat sich das Ziel gesetzt, dass er bei dem nächsten Besuch im Fitnessstudio den Trainer anspricht und mit ihm sein Training kurz bespricht. Denn der Kunde hat den Wunsch deinen Rücken zu stärken und körperlich fit zu bleiben.

In der Dritten Sitzung wurde besprochen, inwieweit die gesetzten Ziele umgesetzt wurden. Einige der Ziele werden bereits über Gewohnheiten verfolgt, andere Ziele stellten Hindernisse dar, welche in den folgenden Kapiteln näher erläutert werden.

Das Ziel dieser Sitzung ist es für die nächsten vier Wochen weiterhin an den Ausgangszielen zu arbeiten. Diesbezüglich möchte der Kunde an den Wochenenden jeweils ein neues Gericht ausprobieren, um eine Erweiterung des Repertoires der eigenen Fähigkeiten und Fertigkeiten in der Lebensmittelverarbeitung zu erzielen. Um dies zu kontrollieren, bringt der Kunde in der fortlaufenden Sitzung die verwendeten Rezepte und Erkenntnisse mit.

2.3 Die Stufe Reality des GROW-Modells

In dieser Stufe wurde der Ist-Zustand überprüft und besprochen. Dafür wurden etwa 30 Minuten Zeit investiert. Gemeinsam haben wir uns das Ernährungsprotokoll genau angesehen, die tägliche Energiezufuhr wurde anhand der biometrischen Daten im Vorfeld ermittelt. Dafür wurden der Grundumsatz und der Gesamtenergiebedarf des Kunden, anhand einer Formel der DGE ermittelt.

Grundumsatz des Kunden (laut DGE, 2015)
(0,047x Gewicht in kg +1,009-0,01452x Alter in Jahren+3,21) x 239
(0,47 x 88,8 + 1,009 − 0,01452 x 29 + 3,21) x 239 = 1.905,18 Kcal

Gesamtenergiebedarf des Kunden (laut DGE, 2015)
Ruheenergieverbrauch x PAL Wert = Gesamtenergieverbrauch
1.905,18 x 1,9 = 3.619,84 kcal pro Tag

Es hat sich herausgestellt, dass der Kunde mehr Kalorien zuführt als er benötigt. Es war zwischen 3.800 kcal bis 4.600 kcal am Tag.
Bei der genauen Betrachtung der Mahlzeiten, sind die Portionsgrößen aufgefallen. Diese sind sehr großzügig Portioniert, mit beispielsweise einem Paket frischer Tortellini (400g) zum Mittagessen mit etwas Gemüse und Käse. Mit der Integration von mehr Gemüseeinheiten könnte der Kunde die Kohlenhydrate reduzieren. Auch das Frühstück mit 200-350g Haferflocken und dazu Schoko Loops liegt von den Kalorien bei 1.400 – 1.500kcal.

Auffällig waren zudem die Zeiten der Mahlzeiten. Das Frühstück des Kunden findet meistens zwischen sieben und acht Uhr am Morgen statt. Das Mittagessen findet zwischen 12 und 14 Uhr statt, wobei der Kunde auch manchmal das Mittagessen auslässt, wenn er sich im Arbeitsfluss befindet. Meistens gibt es am späten Nachmittag oder am frühen Abend noch einen Snack bestehend aus Nüssen und einem Stück Obst. Wenn der Kunde das Mittagessen ausfallen ließ oder einen stressigen Tag hatte, griff er zu gerne zu Süßigkeiten, welche überall im Haus verstreut rumlagen.

Das Abendessen findet meistens nach 23 Uhr statt. Das entspricht einer sehr langen Karenzzeit von acht bis neun Stunden nach dem Mittagessen. Dementsprechend ist das Abendessen immer gleich aufgebaut. Es sollte schnell zubereitet werden und schnell verzehrt werden.

Als nächstes kam die Zeit der Mahlzeiteneinnahme zum Thema. Der Kunde erläuterte, dass er das essen schnellstmöglich verzehrt, um sich wieder der Arbeit widmen zu können. Manchmal, wenn er einen Snack isst, oder zu Süßigkeiten greift, merkt er erst im Nachhinein, dass er diese verzehrt hat.

Der Kunde weist ein normales und unproblematisches Verhalten bezüglich seiner Ernährung auf. Es liegen keine Verhaltenssüchte vor.

Die aktuelle Entfernung von Zielen des Kunden ist zielabhängig. Was die Bewegung angeht ist der Kunde aktiv. Er ist bereit, täglich sportlich aktiv zu sein, um in seine Gesundheit zu investieren. Das, was ihm dabei noch fehlt, ist ein klarer Trainingsplan. Der Kunde trainiert wahlweise Übungen, die er von anderen Trainierenden im Fitessstudio abgeschaut hat oder ihm gezeigt wurden. Sein Training enthält hauptsächlich Kraftübungen mit eigenem Körpergewicht, wodurch er ein erhöhtes Verletzungsrisiko hat. Zudem gab der Kunde Preis, dass er nach einigen Sprungübungen am nächsten Tag Probleme mit dem Rücken gehabt hätte.

Der Kunde hat in der Vergangenheit bereits viele Schritte getätigt, um seinem Ziel näher zu kommen. Vor einigen Jahren hat sich der Kunde noch anders ernährt. Es gab viel mehr Süßigkeiten und Fast Food in seinem Ernährungsalltag. Damals war der Kunde eine Mischung aus desinteressiertem Fast Fooder und Billig- und Fleischesser. Nun möchte er eine Stufe weiter gehen und sich präventiv bewusster und gesünder ernähren. Dabei ist die Kausalattribution oftmals labil und extern, denn hauptsächlich ist die Mutter für die Planung und Zubereitung der Lebensmittel verantwortlich. Da wird der Kunde ansetzen, um sehr Selbstverantwortung, und damit eine stabile und interne Kausalattrubution zu gestalten.

2.4 Die Stufe Options des GROW-Modells

Die Ideenfindung für Optionen wurde bereits in der ersten Sitzung angesprochen. Zunächst fand ein Brainstorming statt, um möglichst viele Ideen zu finden für Problemlösung. Der Kunde sollte alle Ideen, unabhängig von richtig oder falsch aufschreiben. Zur Unterstützung wurden hier offene Fragen wie beispielsweise „Welche Maßnahmen würdest du einem Freund empfehlen, der sich in der gleichen Situation befindet?", „Woran würdest du erkennen, dass dieses Problem verschwunden ist?" und „Was wäre für dich ein erster kleiner und gleichzeitig bedeutsamer Schritt, um das Problem zu lösen?" verwendet.

Das Ergebnis ist eine Ideensammlung, für die Zielerreichung des Kunden:

- Früher zu Abend essen
- Mittags für das Abendessen mitkochen
- Genauen Mahlzeitenplan erstellen
- Freunde und Familie sollen mitmachen
- Ketogene Diät ausprobieren
- Im Stehen telefonieren
- Einen Fitnesstracker kaufen, um tägliche Schritte zu ermitteln
- Kein Brot mehr essen
- Täglich neue Wasserflaschen auf dem Tisch haben

Daraufhin wurden alle Ideen, welche nicht in Frage kommen, anhand von organisatorischen Gründen oder Materiellen Gegebenheiten, von der Liste gestrichen.

Des Weiteren wurde die Wirksamkeit der Maßnahmen geprüft. Der Kunde stellte fest, dass einige dieser Maßnahmen schnell greifen würden und dass andere länger brauchen würden. Dies wird positiv bewertet, da der Kunde dadurch bereits Erfolge erzielt. Ein Beispiel hierfür „sind drei Liter Wasser trinken am Tag" und „gemeinsames Kochen mit Freundin". Anschließend wunden die übrig gebliebenen Ideen, mithilfe einer Skala aufsteigend mit der Zahl eins beginnend, priorisiert.

Tabelle 2: Maßnahmenplan des Kunden (nach Whitmore, 1997)

Maßnahmen	Umsetzbarkeit	Konsequenzen	Wirksamkeit	Kosten /Nutzen	Durchschnitt	Rang
3l Wasser trinken täglich	2	4	2	1	2,25	2
Mittags für das Abendessen mitkochen	1	4	3	3	2,75	3
Freunde und Familie integrieren	3	1	3	3	2,5	2
Die Mahlzeiten rechtzeitig planen	2	2	2	1	1,75	3
Um 19-20 Uhr zu Abend essen	6	6	4	5	5,25	5
Gemeinsames Kochen mit der Freundin	2	1	1	2	1,5	1

2.5 Die Stufe What des GROW-Modells

Nach der ersten Ernährungsberatung, wusste der Kunde ganz genau was zu tun ist und dass er das Protokoll bis Samstag einreicht.

Beim Ausfüllen des Ernährungsprotokolls, empfand der Kunde das genaue dokumentieren der Lebensmittel als sehr aufwendig und nervig. Bereits nach dem ersten Tag war der Kunde davon genervt, hat aber wie besprochen alle Tage aufgezeichnet.

Aus diesem Grund wurde die tägliche Energiezufuhr nicht täglich kontrolliert. Denn das genaue Messen, Wiegen und Eintragen der Nahrung ist für den Kunden sehr zeitaufwendig und macht ihm keinen Spaß.

Daraufhin haben wir mit dem Kunden ein Vier-Felder-Schema erstellt, warum das Dokumentieren der Mahlzeiten wichtig ist (siehe Anhang 3: Vor- und Nachteile der Ernährungskontrolle (eigene Darstellung)).

Darauf wurden die Vor- und Nachteile einer Ernährungsdokumentation aufgelistet. Da der Kunde sich gerne auf Fakten und Daten bezieht, diente diese visuelle Darstellung zur Verstärkung des What.

Tabelle 3: Aktionsplan des Kunden (modifiziert nach Whitmore, 1997)

Was?	Wer?	Wann?	Wie (Vorbereitung)?
bewusst einkaufen nach Einkaufsliste	Eltern	Samstags	Eltern kaufen ein
Rezepte suchen mit unterschiedlichen Kohlenhydraten, viel Gemüse, abwechslungsreiche Proteinbeilage, Kosten der Zutaten beachten	Ich und Eltern	spätestens vor dem Einkaufen am Samstag	Planung der Mahlzeite für die ganze nächste Woche
Einkaufsliste vorbereiten	Alle	bis zum Einkauf am Samstag wöchentlich	Jeden Samstag nach dem Einkauf eine neue Liste aufhängen.
Essen vorbereiten für Montag	Mutter	Zubereitung vom Mittagessen	Anhand der Zielsetzung
Essen vorbereiten für Dienstag	Ich	Zubereitung vom Mittagessen	Anhand der Zielsetzung
Essen vorbereiten für Mittwoch	Ich und Mutter	Zubereitung vom Mittagessen	Anhand der Zielsetzung
Essen vorbereiten für Donnerstag	Mutter	Zubereitung vom Mittagessen	Anhand der Zielsetzung
Essen vorbereiten für Freitag	Ich	Zubereitung vom Mittagessen	Anhand der Zielsetzung
Samstag essen vorbereiten	Kunde mit Freundin	Samstag: Frühstück, Mittagessen und Abendessen	gemeinsames Kochen; die Freundin organiesiert die Zutaten
Sonntag essen vorbereiten	Kunde mit Freundin	Sonntag: Frühstück, Mittagessen und Abendessen	gemeinsames Kochen; die Freundin organiesiert die Zutaten
2 Flaschen Wasser auf den Schreibtisch stellen	Ich	Täglich, bevor die Arbeit beginnt	Wasserkiste hochtragen. Darauf achten, dass ausreichend Wasser zu Hause zur Verfügung ist

Dem Kunden wurde die Notwendigkeit einer Dokumentation verdeutlicht, dafür wurde eine andere Form der Kontrolle gewählt. Der Kunde sollte von jeder Mahlzeit Fotos erstellen, um zu kontrollieren, ob diese zielführend sind. Diese Methode ist einfach, schnell und für den Kunden in seiner Bildergalerie übersichtlich.

Für die zweite Woche und den weiteren Verlauf wurde ein Aktionsplan (vgl. Tabelle 3: Aktionsplan des Kunden (modifiziert nach Whitmore, 1997)) erstellt, um grobe Strukturen zu etablieren. Diese Strukturen können sich dann zu Gewohnheiten entwickeln. Beispielsweise, jeden Freitagabend Rezepte für die nächste Woche raussuchen und die Mahlzeiten planen. Dafür die notwenigen Lebensmittel auf die Einkaufsliste setzen.

2.6 Die Stufe Gap des GROW-Modells

Bisher verlief der Prozess der Ernährungsberatung positiv und der Kunde fühlt sich wohl und ist mit dem bisherigen Verlauf zufrieden.

In der dritten Sitzung machte sich zum ersten Mal eine extern beeinflusste Zielabweichung bemerkbar. Der Kunde äußerte, dass ihm in den letzten zwei Wochen auffiel, dass er immer wieder zu Süßigkeiten gegriffen hätte. Dabei ist es unbewusst verlaufen, in Situationen der geistigen Ermüdung (er konnte nicht mehr klar denken) und der Kunde hat erst im Nachhinein bemerkt, dass er sie verzehrt hat. Dieses Verhalten wird als Ego-Depletion bezeichnet, eine Verlust der Selbstkontrolle und Willenskraft zu einer bestimmten Situation (Baumeister & Muraven, 2000). Zudem war der Kunde in der Situation emotional aufgebracht, weil es zu Hause einen Konflikt gab, der Kunde seit Stunden nichts gegessen hatte und genervt war. Daraufhin haben wir anhand des SORKC-Modells die Situation analysiert.

Das SORKC-Modell ist eine Erweiterung, basierend auf dem operanten Konditionieren (Skinner, 1938) und wird als Verhaltensmodell für Lernvorgänge beschrieben.

Das SORKC-Modell ist ein Akronym und wird hier auf die Situation angewandt:

S Stimulus:	Der Kunde greift unbewusst zu Süßigkeiten, wenn er hungrig ist und zu Hause eine Konfliktsituation aufkommt
O Organismus:	Der Kunde greift zu den Süßigkeiten. Das tritt eher abends auf, wenn der Kunde eine lange Karenzzeit nach dem Mittagessen hatte.
R Reaktion:	Der Kunde ist genervt und angespannt, wenn er realisiert, dass er Süßigkeiten gegessen hat, weil er weiß, dass es ihn von seinen Zielen entfernt.
K Kontingenz:	In den letzten zwei Wochen ist das vier Mal vorgekommen.
C Konsequenz:	Die Folge für die Kunden ist die Nichteinhaltung der Ziele und damit verbunden negative Emotionen.

Diese Lösung wurde eingeleitet. Der Kunde muss sich der Situation erstmal bewusst werden Kunde und kann einige Nüsse in der Küche bereithalten, damit er sein Hungerfühl stillt und sich dadurch in der Konfliktsituation weniger emotional mitziehen lässt.

In der vierten Sitzung wurden die Zielabweichungen gründlich geprüft. Dies beanspruchte etwa 30 Minuten der Sitzung. Hierfür wurden die Ressourcen, die Motivation und die Zieldefinition überprüft.

Die Kontrolle des Wassertrinkens hat sich nun zu einer Gewohnheit entwickelt und der Kunde wechselt samstags automatisch den Wasserkasten aus. Das trinken fällt ihm zunehmend leichter. Es gibt Tage, an denen er den halben Tag über wenig Wasser zuführt. Dies macht sich anhand von Kopfschmerzen schnell bemerkbar. Der Kunde weiß dann genau was in der Situation zu tun ist. Er überprüft seine Wasserzufuhr anhand der Flaschen auf den Schreibtisch und legt eine Pause mit einem Spaziergang ein.

Das Fotografieren der Mahlzeiten unterstützt den Kunden weiterhin bei den Verhältnissen von Mikro- und Makronährstoffen. Was ihm fehlt, ist die genaue Aufteilung. Aber wie bereits behandelt, hat er dafür aktuell keine zeitlichen Kapazitäten zur Verfügung.

Was der Kunde als nächstes jedoch einführen möchte, ist das abwiegen von der Gemüsemenge. Dadurch hätte er einen besseren Überblick über die vorgegebene Mindestmenge. Dieses Ziel und die Umsetzung ist Teil der nächsten Coachingsitzung und wird in diesem Bereich nicht weiter erläutert.

2.7 Der Maßnahmenplan zum Verhaltenstraining

Eine Maßnahme der Verhaltensänderung war die Kontrolle der verzehrten Mahlzeiten durch Fotos. Diese wurden anhand der Smartphones vom Kunden erstellt und zu den Sitzungen mitgebracht.

Zudem hat der Kunde sich in seinen Arbeitsbereich einen Kasten Wasser gestellt, wovon er täglich 2 Flaschen trinken würde, da er sich dort die meiste Zeit aufhält. Damit kann der Kunde eine neue Konditionierung entwickeln. Der dritte Liter wird beim Training und in der Freizeit getrunken. Beim Training hat der Kunde eine auffüllbare 0,5l Flasche dabei. Bei der Freundin am Wochenende stellt er sich eigene Flaschen dahin, um das Wassermaß zu kontrollieren. Da sie lieber stilles Wasser trinkt und der Kunde sein Wasser Medium trinkt, ist dies einfach zu integrieren.

Die dritte Strategie der Verhaltensänderung ist das heraussuchen von neuen Rezepten. Diese soll der Kunde zu der nächsten Sitzung mitbringen, um zu besprechen, ob diese zielführend sind und anschließend soll der Kunde diese mit der Mutter besprechen, da sie überwiegend für die Nahrungszubereitung zuständig ist.

Um seine Verhaltensänderungen zu manifestieren, werden Belohnungen verwendet. Diese überlegt sich der Kunde eigenständig und legt sie bei den Sitzungen vor, damit diese tatsächlich umgesetzt werden.

Eine weitere Verhaltensänderung hat sich ohne Unterstützung des Coaches entwickelt. Der Kunde schaut sich vor dem Zubettgehen gerne noch Videos oder Serien an. Durch sein steigendes Interesse an Lebensmittelverarbeitung, schaut sich der Kunde neuerdings eine Kochsendung (MasterChef), statt der gewohnten Serien oder Videos, an. In der Sendung lernt der Kunde neue Techniken für die Lebensmittelverarbeitung, durch den Starkoch Gordon Ramsay, mit insgesamt 16 Michelin-Sternen. Dieses Vorgehen beruht auf der sozialkognitiven Lerntheorie nach Bandura, welche besagt, dass Lernvorgänge, bei der Beobachtung von Vorbildern stattfinden (Bandura, A. Die sozialkognitive Lerntheorie, 2006).

2.8 Der Maßnahmenplan zur Rückfallprophylaxe

Der Kunde wurde über die Bedeutung der Makro- und Mikronährstoffe und dessen Bedeutung im menschlichen Organismus während der Sitzungen aufgeklärt.

Da der Kunde bereits Erfahrungen mit fitnessorientierter Ernährung und als desinteressierter Fast-Fooder gemacht hat, wurde anhand einer Vier-Felder-Tafel (siehe Anhang 3: Vor- und Nachteile der Ernährungskontrolle (eigene Darstellung)) die Wichtigkeit der Ernährungskontrolle verdeutlicht. Dies dient vor allem der Visualisierung aufgrund des Lerntypen den Kunden und gleichzeitig dem Lernen aus der Vergangenheit.

Emotionsentstehungstheorie nach Schachter und Singer (1962), welche das Zusammenwirken von physiologischer Erregung und kognitiver Bewertung darlegt.

Als nächste Strategie wurde das soziale Umfeld mit einbezogen. Die Eltern, Freunde sowie die Freundin wurden über die Ernährungsumstellung informiert, um nicht zielführende Situationen zu vermeiden. Die Mutter war begeistert und einverstanden, ebenso die Freundin des Kunden. Somit ist hier die soziale Unterstützung bei der Umsetzung der Ziele gegeben. Allerdings ernähren sich zwei der Freunde des Kunden gerne über Fast Food und hyperkalorische Lebensmittel. Mit ihnen trifft er sich einmal wöchentlich, in der Regel mittwochs. Die beiden Freunde haben aktuell kein Interesse eine Ver-haltensänderung vorzunehmen. Hier wurde der Kompromiss geschlossen, dass der Kunde bei den Mahlzeiten und Snacks nicht teilnimmt bzw. die unvorteilhaften Lebensmittel auslässt oder sich andere Produkte bestellt.

3 Teilaufgabe 3 – Darstellung einer Coaching-Sitzung

Beim Coaching ist eine individuelle Beratung mit persönlichen Feedback und der Umsetzung (praxisorientiertes Training) bedeutsam. Die Ernährungsberaterin nimmt dabei eine unterstützende Haltung ein, und behandelt Fragestellungen in Bezug auf Selbstmanagement, persönliche Motivation und Entwicklung, persönliche Gesundheit und Leistungsfähigkeit, welche das Ziel einer Verhaltensänderung haben. Dabei überprüft die Ernährungsberaterin gemeinsam mit dem Kunden die Sinnhaftigkeit und Umsetzbarkeit der Wüsche und Ziele. Hierfür soll der Kunde eigene Ideen und Vorschläge entwickeln und diese in den Alltag integrieren. Das dient einerseits dazu, dass die Ideen und Vorschläge des Kunden wertgeschätzt werden, andererseits hat der Kunde die Möglichkeit selbst zu überprüfen, ob der dadurch eine Verhaltensänderung bewirken kann.

Anhand vom aktivem Zuhören schafft die Ernährungsberaterin eine wohlwollende und offene Grundhaltung, in der sich der Kunde mitteilen kann. Dabei versucht die Ernährungsberaterin den Kunden emotional und rational zu verstehen und ihm dies verbal und nonverbal zu zeigen. Dadurch zeigte der Coach Empathie, authentisches und kongruentes Auftreten, Akzeptanz gegenüber dem Kunden und positive Beachtung (Rogers, C., Die nicht-direktive Beratung. 1985). Dies schafft Vertrauen während der Coaching-Sitzung, vor allem in Situationen, bei denen sich der Kunde unwohl fühlt und eventuell sogar auf alte Verhaltensmuster zurückgreift.

Ebenso ist die Strukturierung von Gespräch und Inhalt bedeutsam, um unnötiges Abschweifen zu vermeiden und dadurch eine hohe Qualität der Coaching-Sitzung zu ermöglichen. Dabei ist die genaue Herausarbeitung der aktuellen Situation, der Ziele und dessen Lösungsentwicklung notwendig. Das Ziel wurde bereits in der vorherigen Sitzung herausgearbeitet und nun wird die Lösungsentwicklung überprüft. Dazu wurden Lösungen entwickelt, um auf das gesetzte Ziel hinzuarbeiten.

Um dies möglichst gut umzusetzen wurden Ressourcen erfragt und umgesetzt. Dies ist eine wesentliche Grundlage beim lösungsorientierten Vorgehen, um eine positive Haltung gegenüber der Ernährungsumstellung einzuleiten und Interventionen vorzunehmen. Dabei hat der Kunde selbstständig die Gegebenheiten seines persönlichen Umfelds analysiert und eine Lösung eingeleitet, um eine Verhaltensveränderung zu ermöglichen.

Die Besonderheit der Coaching Sitzung. Der Kunde und ich kennen uns bereits privat. Daher kenne ich seine Wortwahl, kann mich diesbezüglich anpassen und ich weiß, welche Methoden bei dem Kunden funktionieren.

Im Folgenden wurde die dritte Sitzung auf die wichtigsten Textpassagen gekürzt, damit die eigesetzten Techniken der Coaching-Haltung verdeutlicht werden. Das Ziel dieser Sitzung war die Überprüfung der Ernährungsumstellung. Der Fokus lag bei der Umsetzung seiner Ziele und dessen Potenziale und Erfolge.

Ernährungsberaterin: „Ich würde gerne wissen wie die Dokumentation deiner Ernährung, anhand der Fotos, geklappt hat?" Aktives Zuhören: hier wird wertschätzendes Interesse anhand einer offenen Frage vermittelt. Gleichzeitig übermittelt der Coach dem Kunden Neugier.

Kunde: „Das hat ganz gut geklappt. Es war auf jeden Fall einfacher als das genaue abwiegen und das nervige Aufschreiben. Die Fotos waren schnell erledigt und ich konnte nochmal genau sehen und vergleichen, wie meine Mahlzeiten tatsächlich zusammengesetzt waren. Ob ich genug Gemüse und unterschiedliche Kohlenhydrate, auf dem Teller hatte."

Ernährungsberaterin: „Ich habe gesehen, dass du bei den Kohlenhydraten variiert hast. Was genau ist dir da gut gelungen und wo hattest du Schwierigkeiten?" Strukturierung von Gespräch und Inhalt: Das Ziel des Kunden war mehr Varianz bei den Kohlenhydraten mit Einbezug von Hindernissen und Lösungen.

Kunde: „Vor allem abends war es schwierig zu variieren, da ich ja immer so spät esse und meine Eltern dann bereits im Bett sind oder im Wohnzimmer sitzen. Ich soll so spät nichts mehr kochen und es darf auch nicht zu viel Lärm machen, da wir eine offene Küche haben oder meine Eltern geweckt werden könnten.

Zum Frühstück habe ich gerne Haferflocken mit Obst und Milch gegessen. Den Honig habe weggelassen. Das hat gut funktioniert. Mittags habe ich mit meiner Mutter abgesprochen, dass wir da mehr variieren. Es gab mal einen Kartoffel-Gemüse-Auflauf, mal etwas mit Reis und hin und wieder auch Nudeln. Mehr Varianz wollte meine Mutter nicht, weil es dann zu aufwendig gewesen wäre. War aber vollkommen in Ordnung so."

Ernährungsberaterin: „Wie genau hast du das mit dem nächtlichen Kochverbot gemeistert?" Hier werden die Ressourcen erfragt und angewendet. Zuzüglich werden Konfliktsituationen vermieden.

Kunde: „Ich habe festgestellt, dass es für mich am einfachsten ist, abends mein Brote zu machen. Das geht einfach super schnell, ich störe damit niemanden und breche auch nicht unsere Regel, dass so spät nichts mehr gekocht werden darf."

Ernährungsberaterin: „Laut deiner Zielsetzung und deinem Aktionsplan, wolltest du mehr Gemüse einsetzen und zwischen sieben verschiedenen Kohlenhydratquellen variieren. Hast du dich denn mit anderen Lebensmitteln auseinandergesetzt?" (lösungsorientiertes Vorgehen)

Kunde: „Ja ich habe neue Obstsorten ausprobiert. Ich habe vorher noch keine frischen Feigen gegessen. Bei meiner Freundin haben wir ein Gericht mit Buchweizen zubereitet, welches mir aber nicht allzu sehr geschmeckt hat. Vielleicht gibt es da noch bessere Rezepte."

Ernährungsberaterin: „Ich merke, dass du das Ziele so gut du kannst umsetzt und es dir mittlerweile sogar Freunde bereitet. Das finde ich großartig!" Der Coach zeigt Empathie, authentisches und kongruentes Auftreten und Akzeptanz gegenüber dem Kunden.

4   Ergebnisbewertung und Schlussfolgerung

Mit dem Ergebnis ist der Kunde zufrieden. Da der Kunde stark auf Zahlen, Daten und Fakten fokussiert ist, gefällt ihm vor allem das Endergebnis auf der Waage (vgl. Tabelle 4). Anhand der Daten ist ein Muskelwachstum und ein Körperfettrückgang zu erkennen. Dies liegt einerseits an der Ernährungsveränderung und gleichzeitig an der Optimierung seines Trainingsprogramms. Das Ergebnis motiviert den Kunden und er freut sich bereit auf die nächste Sitzung in etwa vier Wochen. Seine Teilziele:

1. Täglich Gemüse essen
2. Ein wöchentlicher Wechsel von sieben Kohlenhydraten (Haferflocken, Reis, Kartoffeln usw.) – nicht nur Brot und Nudeln
3. körperlich aktiv sein – täglicher Wechsel von Kraft- und Ausdauertraining
4. gesunder Rücken – nach dem Aufstehen gut und fit fühlen

hat der Kunde erreicht. Jedoch weiß er auch, dass diese noch weiterhin ausbaufähig sind. Als nächsten Schritt nimmt sich der Kunde vor das Gemüse hin und wieder abzuwiegen und sich als nächste Belohnung und gleichzeitig Motivation einen Fitnesstraker zu kaufen.

Der Kunde war offen und hat gerne mit dem Coach gearbeitet. Er brauchte viele Ideen und Lösungsansätze bei. Brainstorming und Fragestellungen bei denen ein Rollentausch simuliert wurde, haben ebenfalls gut bei dem Kunden funktioniert.

Tabelle 4: Messungen des Kunden im Vergleich (eigene Darstellung)

Allgemeine Daten	08.09.2019	11.08.2019
Gewicht (in kg)	89,3	88,8
BMI	23	22,9
Tagesbedarf Kalorien (in Kcal)	3.800	3.620
Wasseranteil (in Prozent)	58,70%	57,00%
Körperfettanteil (in Prozent)	15,30%	17,50%
Viszeralfett (in Punkten)	3	4
Muskelmasse (in kg)	71,8	69,7
Umfänge (in cm)		
Taille	87,5	88
Hüfte	96,5	98
Taillen-Hüft-Quotient	0,91	0,9
Beine (25cm oberhalb des Knies)		
Rechts	56	57,5
Links	55,6	56,5
Arme (16cm von der Beuge)		
Rechts	35,5	35,5
Links	35,5	36
Brustumfang	105,5	107

Die Vorbereitung für das Eingangsgespräch war eindeutig und relativ einfach. Mir war bewusst welche Materialien ich dafür benötige und welche Daten ich aufnehmen muss. Für jede weitere Sitzung habe ich im Anschluss auf die letzte einen neuen Plan erstellt. Erstmal musste ich herausfinden, was die Ziele des Kunden sind, und was er bereit ist dafür zu tun. Dementsprechend habe ich den weiteren Verlauf der Sitzungen angepasst. Die Gesprächsatmosphäre war angenehm, harmonisch und vertrauensvoll. Der Kunde war bei den Sitzungen entspannt und es gab viele Momente, bei denen gemeinsam gelacht wurde. Dies ist ein Indiz für die gute Bindung zwischen Coach und Coachee.

Des Weiteren wurden zur Visualisierung und Verdeutlichung gemeinsam Zeichnungen erstellt und besprochen.

Der Sprachgebrauch war sehr metaphorisch und an die Sprache des Kunden angepasst.

Die Schlussfolgerungen für die Ernährungsberatung ergeben:

Für ein professionelles Beratungsgespräch benötigt es an der richtigen Vorbereitung.

Anfangs war es schwierig die Zeit richtig einzuschätzen. Also die Zeit, die der Kunde für die Fragen und für die Aufgaben benötigt. Die Zeit entsprach nicht immer der kalkulieren Zeit. Einige Aufgaben gingen sehr schnell, sowie auch einige Verhaltensänderungen. Andere haben wesentlich mehr Zeit in Anspruch genommen. Demzufolge ist eine smarte Maßnahme, etwas mehr Zeit für die einzelne Punkte zu kalkulieren.

Alles in allem bin ich zufrieden mit der Beratung.

5 Literaturverzeichnis

Afshin A., Khatibzadeh S., Micha R., Mozaffarian D., Rehm C.D., Shi P., Singh G.M., Wang Q., Yakoob M.Y. Impact of Nonoptimal Intakes of Saturated, Polyunsaturated, and Trans Fat on Global Burdens of Coronary Heart Disease. Journal of the American Heart Association (2016). Vol. 6 (Issue 7). Zugriff am 17.09.2019. Verfügbar unter https://www.ncbi.nlm.nih.gov/pubmed/26790695

Bandura, A. Die sozial-kognitive Lerntheorie. Besier, Jessica. München: GRIN Verlag, 2006

Baumeister, R.F., Muraven, M., Tice, D. M. (2002). Ego depletion: A resource model of volition, self-regulation, and controlled processing. In: Social Cognition. 18, 2000, S. 130–150.

Browne, R. A. V., Costa, E. C., Dantas, F., Farias-Junior, L. F., Freire, Y. A., Lopes, T. J., Macêdo, G., Montenegro, V. B., Schwade, D. (2017). Journal of Occupational and Environmental Medicine, Volume 59, Number 11, pp. 1029-1033(5) https://www.ingentaconnect.com/content/wk/jom/2017/00000059/00000011/art0 0013

Dehghan, M., Li, W., Mente, A., Mohan, V., Swaminathan, S., Zhang, X. et. al. (2017). Associations of fats and carbohydrate intake with cardiovascular disease and mortality in 18 countries from five continents (PURE): a prospective cohort study. The Lancet, VOLUME 390, ISSUE 10107, P2050-2062, NOVEMBER 04, 2017

Deutsche Gesellschaft für Ernährung e.V. (DGE). Aktualisierte Leitlinie zur Prävention und Therapie der Adipositas (2014). Zugriff am 4.9.19. Verfügbar unter https://www.dge.de/presse/pm/aktualisierte-leitlinie-zur- praevention-und-therapie-der-adipositas/

Deutsche Gesellschaft für Ernährung e.V. (DGE). Ausgewählte Fragen und Antworten zur Energiezufuhr (2015). Zugriff am 17.09.2019. Verfügbar unter https://www.dge.de/fileadmin/public/doc/ws/faq/FAQs-Energie.pdf

Deutsche Gesellschaft für Ernährung e.V. (DGE). Studien belegen präventive Effekte körperlicher Aktivität auf Herz-Kreislauf-Krankheiten und Krebs (2009). Zugriff am 04.09.2019. Verfügbar unter https://www.dge.de/presse/pm/bewegen-und-gesund-bleiben/

Deutsche Gesellschaft für Ernährung e.V. (DGE). Obst und Gemüse. Die Menge macht's (2019). Zugriff am 17.09.2019. Verfügbar unter https://www.dge.de/wissenschaft/weitere-publikationen/fachinformationen/obst-und-gemuese-die-menge-machts/

Deutsches Ärzteblatt (2017). Neue Ernährungsregeln: Mehr Fett, weniger Kohlenhydrate können Sterblichkeit verringern. Zugriff am 4.9.19. Verfügbar unter: https://www.aerzteblatt.de/nachrichten/77869/Neue-Ernaehrungsregeln-Mehr-Fett-weniger-Kohlenhydrate-koennten-Sterblichkeit-verringern

Erickson, K. I., Hohmann, T. (2013). Die Effekte von Alter und Training auf die kognitive Gesundheit. Zeitschrift für Sportpsychologie (2013), 20, pp. 25-32. Zugriff am 19.09.2019. Verfügbar unter https://econtent.hogrefe.com/doi/abs/10.1026/1612-5010/a000086

Gay, F. DISG-Persönlichkeitsprofil.27. Auflage. Offenbach 2002, S. 136 f.

Institut für Ernährungsverhalten (2010). In Anlehnung an solche von Oltersdorf 1984 S 189 und Leonhäuser et al. 2009 S 20). Zugriff am 04.09.2019. Verfügbar unter https://www.mri.bund.de/de/institute/ernaehrungsverhalten/

Maslow, A. A Theory of Human Motivation. In Psychological Review. 1943, Vol. 50 (4), Seite 370–396.

Vester, F. Denken, Lernen, Vergessen. 1975. als Taschenbuch 1978. 36. Auflage dtv 2014

Rogers, C. Die nicht-direktive Beratung. Counseling and Psychotherapy. Fischer, Frankfurt am Main 1985, ISBN 3-596-42176-4.

Schachter, S., & Singer, J. (1962). Cognitive, social, and physiological determinants of emotional state. Psychological Review 69

Skinner, B. F. (1938). The Behavior of Organisms: An Experimental Analysis

World Health Organization (WHO). Body mass index – BMI (2019). Zugriff am 21.08.2019. Verfügbar unter http://www.euro.who.int/en/health-topics/disease-prevention/nutrition/a-healthy-lifestyle/body-mass-index-bmi

Whitmore, J. (2009). Coaching fpr Performance The Principles and Practices of Coaching and Leadership (People Skills for Professionals). Finnland: Nicholas Brealey Publishing. Abgerufen am 17.09.2019

6 Abbildungs- und Tabellenverzeichnis

6.1 Abbildungsverzeichnis

6.2 Tabellenverzeichnis

Anhang

Angang 1:

Abbildung 1: Ernährungsprotokoll des Kunden (eigene Darstellung)

Anhang 2:

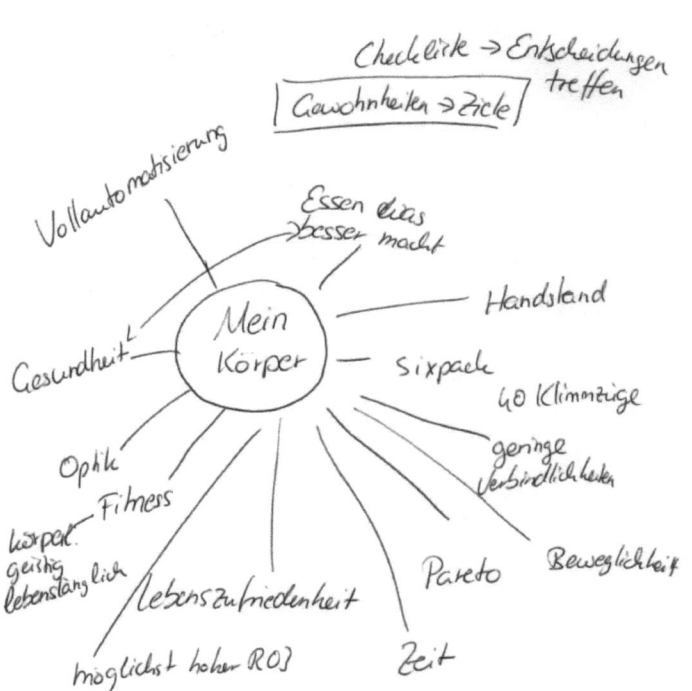

Checkliste → Entscheidungen treffen

Gewohnheiten → Ziele

Vollautomatisierung

Essen dtas besser macht

Handstand

Mein Körper

Gesundheit

Sixpack

40 Klimmzüge

Optik

geringe Verbindlichkeiten

Fitness

körper. geistig lebenslänglich

Lebenszufriedenheit

Pareto

Beweglichkeit

möglichst hoher ROI

Zeit

Abbildung 2:Änderungswünsche des Kunden (eigene Darstellung)

Anhang 3:

	langfristig	kurzfristig
Vorteile	• hinarbeiten auf einen immer besser werdenden Körper • bessere Gehirnleistung	• man kann erkennen wie die Nahrungsaufnahme tatsächlich aussieht • man kann direkt Maßnahmen zur Verbesserung einleiten
Nachteile	• Zeit	• zeitlicher Aufwand • schwierig bei außer Haus Verzehr

Abbildung 3: Vor- und Nachteile der Ernährungskontrolle (eigene Darstellung)

Anhang 4:

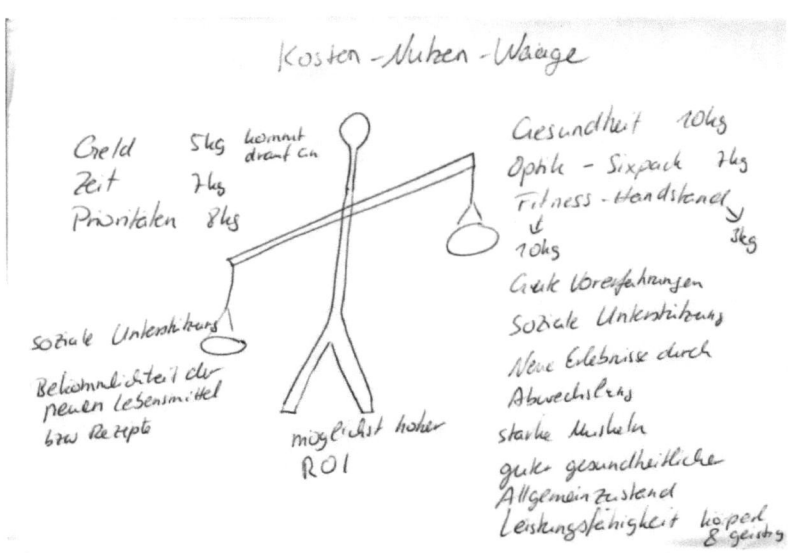

Abbildung 4: Kosten-Nutzen-Waage (eigene Darstellung)